Schwanfelder

Ostern

Werner Schwanfelder

Ostern

Nach einer wahren Geschichte

Patmos Verlag

VERLAGSGRUPPE PATMOS

PATMOS
ESCHBACH
GRÜNEWALD
THORBECKE
SCHWABEN
VER SACRUM

Die Verlagsgruppe
mit Sinn für das Leben

Die Verlagsgruppe Patmos ist sich ihrer Verantwortung gegenüber unserer Umwelt bewusst. Wir folgen dem Prinzip der Nachhaltigkeit und streben den Einklang von wirtschaftlicher Entwicklung, sozialer Sicherheit und Erhaltung unserer natürlichen Lebensgrundlagen an. Näheres zur Nachhaltigkeitsstrategie der Verlagsgruppe Patmos auf unserer Website www.verlagsgruppe-patmos.de/nachhaltig-gut-leben

Verlagsgruppe Patmos in der Schwabenverlag AG, Ostfildern
www.verlagsgruppe-patmos.de

Umschlaggestaltung: Finken & Bumiller
Satz: Schwabenverlag AG, Ostfildern
Druck: GGP Media GmbH, Pößneck
Hergestellt in Deutschland
ISBN 978-3-8436-1431-3

Inhalt

Die Ostergeschichte

Was rund um Ostern geschah, ist zwar heute noch einigermaßen bekannt. Trotzdem lesen wohl nur noch wenige Menschen die Ostergeschichte im Neuen Testament. Vielleicht ist es an der Zeit, sie neu zu erzählen.

Ich mache einen Versuch.

Die traditionelle Ostergeschichte ist in traditioneller Sprache geschrieben. S–P–O, hat mir mein Lehrer eingebläut: So muss jeder Satz gestaltet sein, aus Subjekt, Prädikat und Objekt. Warum eigentlich?

Der Wechsel der Zeiten ist gewollt. Geschichten erzählt man sich normalerweise in der Vergangenheitsform. Ist die erzählende Person aber in Fahrt, wechselt sie manchmal in die Gegenwart und verschafft der Handlung einen Turbo.

Ich wünsche Ihnen ein Leseerlebnis, in dem Sie Neues im Bekannten und Vertrautes im Neuen entdecken können.

Werner Schwanfelder

Palmsonntag

Jesus marschiert.
Mit seinen Jüngern.
Und anderen.
Unbekannten, Nichtgenannten.
Aber Begeisterten.
Ihr Ziel: Jerusalem.
Die schönste Stadt in der ganzen Welt.
Damals – für die Juden.
Besonders zum Passahfest.
Überfüllt.
Oh je.
Viel zu viele Pferde und Esel und Karren.
Zu viel Verkehr.
Voller römischer Soldaten.
Ungeliebt.
An jeder Straßenecke stehen sie.
Sie sind nervös.
Wechseln den Standfuß.
Von rechts auf links.
Von links auf rechts.
Aber das Volk ist freudig erregt.

Die Kinder singen.
Die Erwachsenen sind voller Vorfreude.
Die Männer schlachten ein Tier für den Festtag.
Die Frauen backen Brot.
In der Stadt verbreitet sich eine Botschaft.
Welche Botschaft?
Wo kommt sie her?
Facebook, Twitter?
Egal.
Jesus ist auf dem Weg nach Jerusalem.
Die Menschen freuen sich über diese Nachricht.
Lachen.
Das Gesicht zu einer Grimasse verziehen.
Jubilieren.
Warum eigentlich?
»Weil Jesus kommt.« Schreit einer.
Wer ist Jesus?
Alle scheinen ihn zu kennen.
Sie greifen nach Palmzweigen.
Die liegen in den Gassen herum.
Sonst nicht beachtet.
Mit ihnen fegt man die Straße.
Normalerweise.

Nun werden sie als Fahne genutzt.
Manchmal auch als Schattenspender.
Denn die Sonne scheint bereits stark auf die Welt hinab.
Sonne ist schön, ist gut.
Aber es war in den letzten Wochen viel zu trocken.
Auch schon im letzten Jahr.
Die Pflanzen wachsen nicht.
Verdorren.
Auch das Getreide entwickelt sich nicht gut.
Vielleicht sorgt Jesus für Regen.
Man sagt, er macht Wunder.
Es liegt jedenfalls viel Hoffnung in der Luft.
Die Menschen laufen Jesus entgegen.
Warum warten sie nicht, bis er die Stadt betritt?
Sie fiebern nach seiner Nähe.
Vielleicht können sie ein Autogramm ergattern.
Ist das nicht aufdringlich? Lasst ihn doch ausschreiten.
Zügig, Schritt für Schritt.
Er ist kräftig. Mit großen Schritten kommt er in die Stadt, passiert das Stadttor.

»Hosianna!« rufen die Menschen.
»Gesegnet ist er, der im Namen des Herrn kommt.«
Ist das nicht etwas übertrieben?
Woher weiß dies der einfache Bürger?
Die Schriftgelehrten haben es nicht ausgesprochen.
Die Idee ist im Volk entstanden.
Ein Gerücht. Vielleicht Fake?
Verbreitet sich.
Eine Medienkampagne?
Aus vielen Kehlen ruft es nach seinem Segen.
Schließlich laut.
Gut zu vernehmen.
Wie Donnerhall:
»Er ist der König Israels!«
Wie ist das zu verstehen?
Es gibt bereits einen König. Gibt es zwei Könige?
Dieses Geschrei erschöpft Jesus. Seine Schritte werden langsamer.

Seine Jünger zerren einen Esel herbei.
Sie ermahnen ihn:
»Setz dich auf den Esel. Schon deine Kräfte.«
Er will nicht.
Aber sie bitten.
Einer sagt: »So steht es in der Schrift.«
So lässt sich Jesus überreden.
So soll es sein.
Er sitzt nicht eben bequem auf dem Esel.
Auch Jesus kann sich nicht immer durchsetzen.
Er muss auf seine Berater hören.
Er muss sich dem Willen des Volkes beugen.
Oder vielleicht auch nicht.
Niemand kann machen, was er will.
So wird die Schrift erfüllt.
Stellen jedenfalls die fest, die diese Geschichte fast hundert Jahre später niederschreiben.
»Fürchte dich nicht, Tochter Zion! Dein König kommt! Er sitzt auf dem Jungen einer Eselin.«
Selbst den Jüngern war dieser Zusammenhang nicht klar.

Aber Nachdenken hilft.
Ihnen fällt es wie Schuppen von den Augen.
Wie man so sagt.
Sie sehen Jesus in seiner Herrlichkeit.
Woran erkennt man Herrlichkeit?
Weil die Person glänzt.
Weil sie in einen Sonnenstrahl gehüllt ist.
Die Jünger jedenfalls lebten mit dieser
Herrlichkeit.
Schon lange.
Mit der Gewissheit, dass er König werden wird.
Noch ist er es nicht.
Aber das Volk wird ihn ausrufen.
Brüllen.
»Hosianna!«
Sie werden ihn auf den Thron setzen.
Dann wird Jesus für Regen sorgen.
Er wird das Getreide wachsen lassen.
Er wird den Armen zu essen geben.
Wunder.
Wunder gibt es immer wieder.
Wenn Jesus die Macht ergreift.

Im Land Israel ist nicht alles so gut,
wie es den Anschein hat.
Jetzt kommt jedenfalls der König.
Das ist gut so.
Es ist herrlich.
Die Menschen glauben, Jesus zu kennen.
Er hat einen Ruf.
Image.
Man nimmt an, ihn zu kennen.
Schließlich hat er Lazarus aus dem Grab gerufen
und ihn auferweckt.
Das war eine wahnsinnige Geschichte.
Wie ein Toter aus dem Totenreich zurückkehrt.
Alle Menschen,
Anscheinend wirklich alle,
Wissen Bescheid.
Dabei hat keiner von ihnen mit Lazarus
gesprochen.
Dieser Lazarus hat sich zurückgezogen.
Er gab keine Interviews.
Und es gab auch keine Fernsehbilder von ihm.
Auf Facebook konnte man einiges lesen.
Aber nicht viel.
Und trotzdem. Alle wissen es.

Jedenfalls ist das Volk begeistert von
diesem Jesus.
Was macht er eigentlich so? Hat er einen Beruf?
Wie verdient er sein Geld?
Nicht so wichtig.
Begeisterung braucht keine kleinlichen
Informationen.
Jedenfalls macht er Zeichen.
Zeichen?
Na ja, Wunder.
Nur die Pharisäer lassen sich von dieser
Begeisterung nicht anstecken.
Sie sehen eher skeptisch auf das Volk.
Das Volk ist wankelmütig.
Dem Volk kann man nicht vertrauen.
Aber man muss es beachten.
Man kann nicht gegen das Volk regieren.
Sie diskutieren, stecken ihre Köpfe zusammen.
Einer sagt: »Wir können jetzt nichts unternehmen.
Alle Welt, alles Volk läuft ihm nach.«
»Wir können nicht Hand an ihn legen.«

Was haben sie vor?
Noch keine Pläne. Nur ärgerlich.
Dieses Aufsehen ist übertrieben.
Aber sie nehmen zur Kenntnis,
    dass er in Jerusalem einreitet.
Auf einem Esel.
Die Menschen werfen Palmzweige auf den Boden.
Zu seinen Füßen.
Palmzweige wie ein Teppich.
Ein grüner Teppich über der staubigen Gasse.
Von Jesus gibt es übrigens keine Stellungnahme.
Er kommentiert nicht.
Er verkündigt nicht.
Er predigt nicht.
Er verhält sich still.
Vielleicht betet er.
Aber das weiß natürlich niemand.

Gründonnerstag

Wann erkennt man die Klarheit der Stunde?
Keine Ahnung.
Das ist bei jedem Menschen anders.
Manche finden überhaupt keine Klarheit.
Manche fokussieren einen einzelnen Punkt.
Den Punkt.
Lebenspunkt.
Jesus sah klar. Aber noch lag die Klarheit in der Finsternis des Geschehens.
Keine konkreten Strukturen.
Keine Namen.
Doch: Judas.
Was ist mit Judas?
Judas verwaltete das Geld ihrer Gruppe.
Damit sie sich ernähren konnten. Er kaufte das Brot und den Wein.
Dazu Schafskäse, Oliven und Trauben.
Sie speisten nicht üppig, aber ausdauernd.
Besser vielleicht als arme Leute,
die es in Jerusalem im Überfluss gab.

Das Brot war teuer geworden wegen
der Missernten.
Zu viel Sonne, kein Regen.
Und wegen dem Krieg im Nachbarland.
Die Bauern wurden erschossen. Konnten
nicht säen.
Zerstörte Lieferketten.
Judas behauptete, es sei nur noch wenig Geld
in der Kasse.
Judas war der Sohn von Simon Iskariot.
Den Tag hatte Jesus in einem Hof verbracht.
Sich zurückgezogen.
Keine Menschen treffen.
Auch wenn sie ihn nur feiern wollten.
Er spürte, dass er Ruhe brauchte.
Zum Nachdenken.
Um sich zu konzentrieren. Einen Punkt anvisieren.
Den Punkt der Klarheit.
Der Punkt lag in der Zukunft.
Der Punkt war sein Schicksal.
Der Mensch kann das eigene Schicksal
nicht erkennen.
Höchstens als einen unbestimmten Punkt.
Aber ein Punkt besagt nicht viel.

Ein Punkt muss in der Zukunft auch kein Punkt
bleiben.
Er kann sich in der Breite und in der Länge
verändern.
In der Fläche.
Vom Punkt zum Erdball.
Das Schicksal wird sich auf dem Erdball
abspielen.
Wenn es die Gegenwart betritt.
Dann werden alle Menschen rufen.
Schreien.
Jubeln oder wehklagen?

Zum Abendessen saßen die Jünger beisammen.
An einem langen Tisch.
Eine große Tischplatte ruhte auf mehreren
Füßen.
Unter einem Tischbein steckte ein Holzspan.
Damit der Tisch nicht wackelt.
Jesus murmelte, er werde nun zum Vater gehen.
Aber niemand hörte ihm zu.
Noch hörte ihm niemand zu.
Sie saßen zu Tisch, teilten das Brot.
Jesus ließ den Kelch mit Wein herumgehen.

Judas erklärte: Wieder sei alles teurer geworden.
Das lag am Krieg im Nachbarland.
Wir wissen es.
Aber niemand hörte zu.
Sie aßen zunächst stillschweigend.
Dann erst redeten sie.
Es begann mit einem Flüstern,
das immer lauter wurde.
Worte, Halbsätze, Worte, Ausrufezeichen.
Wenn viele Menschen reden, kann man
die Worte der Einzelnen nicht mehr
unterscheiden.
Es entwickelt sich ein Singsang,
ohne Höhen, ohne Tiefen.
Ein Pegel.
Dieser Singsang beruhigt.
Wirkt wie eine gewisse Art von Fröhlichkeit.
Dazwischen ein Lachen.
Aber auch ein Heulton.
Sie waren an der Tafel dreizehn Männer.
Einige Frauen im Hintergrund.
Diese servierten immer neuen Wein.
Und legten Brote auf den Tisch.
Ziegenkäse gab es.

Kein Fleisch. Keinen Fisch.
Sie wurden alle satt.
Die Frauen huschten hin und her.
Eine der Frauen
Küsste einen der Männer.
Oberflächlich. Spielerisch.
Es war ein lauer Abend.

Nach dem Abendessen bat Jesus um
eine Schüssel und um Wasser.
Er stand auf.
Legte sein Gewand ab.
Nahm einen Schurz und umgürtete sich.
Warum nach dem Abendessen?
So steht es eben in der Bibel.
Er goss Wasser in die Schüssel.
Nun begann er, den Jüngern die Füße
zu waschen.
Mit den Händen.
Sie dann abzutrocknen.
Die Jünger waren überrascht.
Keine Gewohnheit.
Einer von ihnen wehrte ab.
»Ich bin es nicht wert.«

Aber Jesus ließ nicht locker.
»Du bist mir sehr wichtig.«
Es war Simon Petrus, der Fels.
Jesus sagte: »Was ich tue, das verstehst du
jetzt nicht.
Du wirst es später erkennen.«
Petrus: »Nimmermehr sollst du mir
die Füße waschen!«
Jesus: »Wenn ich dich nicht wasche,
so hast du keinen Anteil an mir.«
Petrus: »Wie soll ich dich verstehen?
Du bist mein Lehrer und mein Meister.«
Jesus: »Viel mehr. Du hast an mir Anteil.«
Was heißt das?
Petrus überlegte. Irgendwann verstand er.
Petrus: »Dann wasche nicht nur meine Füße
allein, sondern auch die Hände und das
Haupt!«
Jesus lächelte. »Es genügt, wenn deine Füße
gewaschen sind.«
Jesus fuhr fort: »Dann ist dein Leben gereinigt.«
Fanfarenklänge.
Trommelwirbel.

Jesus hatte einen kleinen Schwindelanfall.
»Ihr seid rein, aber nicht alle.«
Sagte er, murmelte er.
Er wusste, wer ihn verraten wird.
Er wollte die Fußwaschung als Beispiel
verstanden wissen.
So tue ein jeder dem anderen.
Jeder ist gleich.
Jeder ist dem andern untertan.
Der Knecht ist nicht größer als sein Herr.
Der Gesandte ist nicht größer als der,
der ihn gesandt hat.
Ihr wisst dies nun.
Aber ihr müsst auch danach handeln.
Paradigmenwechsel.
Schwer zu verstehen.
Jesus begab sich zur Ruhe.
Er lag auf dem Rücken.
Die Augen schlossen sich.
Der Atem ging langsam, entspannt.
Über Jerusalem brach die Nacht herein.

Es war ruhig.
Nur Hunde bellten.
Warum können die Hunde nachts nicht
Ruhe geben?
Niemand versteht das Anliegen der Hunde.
Sie wussten, was am nächsten Tag
geschehen wird.
Sie bellten ihren Kummer in die Welt hinaus.
Doch die Menschen hörten nicht,
weil sie schliefen.
Auch die Jünger.
Jesus hatte einen unruhigen Schlaf.

Karfreitag

In einem Olivenhain kämpft Jesus den Kampf
seines Lebens.
»Warum hast du mich verlassen?«
Er denkt, er ruft, er schreit.
Die Frage richtet er an Gott.
Wie viele Menschen haben diese Frage gestellt?
Nach Jesus, Zeiten später.
Vor Jesus, Zeiten früher.
Und keine Antwort erhalten.
Wir Menschen erhalten keine Antwort.
Hat Jesus eine Antwort erhalten?
Von Gott zu Gott.
Auch er vernimmt keine Antwort.
Der sündlose Sohn Gottes trägt die Sünden
der Welt auf seinen Schultern.
Man sagt, die Sünde trennt den Menschen
von Gott. Deshalb erhält der Mensch
keine Antwort.
Oder: Der Mensch versteht die Antwort nicht.
Das ist ein Unterschied.
Erhalten wir nicht oder verstehen wir nicht?

Jesus wäre der einzige Mensch gewesen,
der einen Anspruch auf Gottes Antwort
gehabt hätte.
Von Gott zu Gott.
Auch er bekommt sie nicht.
Vielleicht hat er sie nicht verstanden.
Nein, er kennt die Antwort.
Von Anfang an.
Gott hat sich vorgestellt als: »Ich bin da.«
Das gilt für Jesus und für alle Menschen.
Von Anfang an.
Deshalb war eine weitere Antwort nicht nötig.
Wenn es so war. Und so war es.
Warum erbat sich Jesus eine Antwort von Gott?
Weil auch ein Gott in Not sein kann,
verlassen von allen.

Die Jünger schliefen.
Jesus hatte sie gebeten, mit ihm zu wachen
und zu beten.
Ihm Fürsorge zu geben.

Die Jünger wollten wachen, unterstützen,
versprachen ihm, schworen ihm.
Und schliefen erneut ein. Es war ein
tiefer Schlaf. Kam der Schlaf von Gott?
Der Schlaf war tiefer als jeder Schlaf,
den die Menschen sonst schlafen.
Sie erwachten erst, als eine Gruppe von Soldaten
Bewaffnet und grimmig
In den Olivenhain stapfte.
Schritt für Schritt.
Soldatenstiefel.
Das Gewehr in der Hand.
Ein Helm auf dem Kopf.
Mit einer Splitterweste geschützt.
Ein Mann namens Judas führte sie an.
Kundschafter.
Verräter.
Kassenwart.
Warum muss einer von den Jüngern
ein Verräter sein?
Das macht keinen Sinn.
Jesus versteckte sich nicht. Die Soldaten hätten
ihn gefunden, auch ohne Judas.

Warum benötigt Gott einen Verräter?
Weil es auf der Welt immer Verräter gibt.
Weil Verräter Verbrecher sind.
Manchmal auch nicht, wenn sie verraten,
wie Menschen ausgebeutet werden.
Oder von anderen Untaten erzählen.
Whistleblower.
Verräter ist also nicht Verräter.
Auch Judas ist ein ganz besonderer Verräter.
Er geht in die Geschichte ein.
Jedenfalls wird Jesus gefangen genommen
und weggeführt.
Vorgeführt.
Petrus regt sich auf.
Schlägt zu.
Und verleugnet Jesus.
Bis der Hahn kräht. Drei Mal.
Eins
Zwei
Drei

Behörden sind in allen Ländern langsam.
Weil sie überarbeitet sind.
Weil sie behutsam agieren, vorsichtig.

Weil sie keinen Fehler begehen wollen.
Sie müssen viele Gesetze berücksichtigen.
Noch mehr Vorschriften und Richtlinien.
Aber Jesus wurde schnell verurteilt.

Dabei gab es zwei Instanzen:
Die jüdische Instanz
Und die römische Instanz.
Die Römer interessierte der Fall eigentlich nicht.
Der Hohe Rat wollte Jesus aus dem Weg räumen.
Er durfte aber nicht entscheiden.
Das letzte Wort
über Tod und Leben hatten sich die Römer vorbehalten.
Ein Störenfried weniger.
Das Volk hatte die Seiten gewechselt.
Diejenigen, die »Hosianna« gerufen hatten, forderten nun: »Kreuzigt ihn.«
Oder war es ein anderer Teil des Volkes?
Die Putin-Freunde?
Jedenfalls die Anhänger der Priester und Popen.
Sie wollten Jesus eliminieren.

Denn er störte ihre Herrschaft, stellte sich gegen
ihre Macht.
Die Mächtigen setzen sich immer durch.
Selbst ein Jesus kann wenig ausrichten.
Der Hohe Rat schob Jesus den Römern zu.
Die Besatzungsmacht will die Hände in
Unschuld waschen.
Bitte ein Handtuch.
Die Hände abtrocknen.
Die Römer wollen sich nicht die Finger
schmutzig machen.
Wer saß zu Gericht?
Die Hohepriester.
Gab es Vertreter des Volkes?
Geschworene?
Gab es einen Verteidiger?
Sie stimmten ab.
Tod.
Tod.
Tod.
Tod.
Die Besatzungsmacht unterschrieb.
Das Todesurteil.
Manchmal muss man auch verkehrt entscheiden.

Das Volk verspottete ihn.
Die Soldaten zogen ihm den Mantel aus.
Auch die Kleider.
Drückten ihm das Kreuz auf die Schultern.
Schoben ihn auf die Gasse.
Sie fanden einen Mann mit Namen Simon.
  Er kam aus Kyrene.
War er zufällig zugegen?
Oder geschickt?
Die Soldaten zwangen ihn, das Kreuz zu tragen.
Jesus hätte die Strapaze nicht überlebt.
Wobei es wohl gleichgültig ist,
  vom Kreuz erdrückt zu werden oder
  am Kreuz hängend zu sterben.
Es geht um das Sterben.
Die Soldaten hatten den Auftrag,
  die Kreuzigung zügig durchzuziehen.
Es eilt.
Es standen noch mehr Kreuzigungen an.
Man konnte sich nicht ewig Zeit lassen.
Morgen ist Feiertag.
Eine Kreuzigung nach der anderen.

Jedes Mal musste ein Kreuz aufgestellt werden.
Eine schweißtreibende Tätigkeit.
Die Pioniere hatten dies umzusetzen.
Sie waren kräftig. Wuchteten die Kreuze
in die Halterungen.
Sie standen fest.
Die Kreuze hielten einem Sturm stand.
Aber die Wettervorhersage war sturmlos.
Auch kein Regen.
Das Land bräuchte Regen.
Damit das Getreide wachsen kann.
Die Soldaten trugen die Nägel, mit denen sie
die Gliedmaßen an das Kreuz nageln konnten.
Warum müssen Menschen so grausam sein?
Es liegt im Gen.
Soldaten sind für die Grausamkeiten zuständig.
Sie werden dafür bezahlt.
Die Soldaten haben gelernt, grausam zu sein.
Nicht alle, aber viele.
Sie vergewaltigen.
Sie erschießen auch wehrlose Bürger.

Einfach die Figur vom Fahrrad herunterschießen,
    wie beim Zielschießen auf der Kirmes.
Oder die Frau auf der Straße.
Mit den Einkaufstüten.
Ein Schuss dauert nicht lange. Geht schnell.
Ein Mensch weniger. Jeder Mensch ein Feind.
Die Stätte hieß Golgota.
Schädelstätte.
An das Kreuz genagelt.
Sie gaben ihm Wein zu trinken,
    mit Galle vermischt.
Als er das schmeckte, wollte er nicht trinken.
Sie verteilten seine Kleider und warfen das Los.
Die Soldaten saßen da und bewachten ihn.
Langweilig.
Über sein Haupt setzten sie eine Aufschrift
    mit der Ursache seines Todes:
»Dies ist Jesus, der Juden König.«
Ob sie überlegten?
Warum kreuzigten sie einen König?
Soldaten haben wenig zu tun.
    Meistens müssen sie warten.

Bis etwas passiert.
Erst dann können sie reagieren.
Dann können sie Gewalt verbreiten.
Nicht alle, aber viele.
Erstechen.
Erschießen.
Niederbomben.
Das Gewehr in der Hand macht sie zu Mutigen.
Zu Gewalttätern.

Zwei Räuber wurden mit Jesus gekreuzigt.
Einer zur Rechten und einer zur Linken.
Viel Volk kam zu der Kreuzigung. Mit den Kindern. Ausflug.
Sie standen um die Kreuze herum.
Unterhielten sich, machten Witze, zeigten den Kindern die Kreuze.
Sie lästerten über Jesus.
Viel Hass.
Noch mehr Spott.
Einmal hat er gesagt, er will den Tempel abbrechen und in drei Tagen wiederaufbauen.

Er hat Kranke gesunden lassen.
Sogar Tote auferweckt.
Er hat Wein geschaffen aus dem Nichts.
Und jede Menge Brot. Und Fische.
Nicht zu glauben.
Wir haben es erlebt.
Wir erinnern uns daran.
Nun hängt er am Kreuz und kann sich nicht mehr rühren.
Fatal.
Hilf dir doch selbst, du Wundermann.
Erbärmlich ... wenn sich ein erwachsener Mann nicht helfen kann.
Auch die Hohepriester, die Schriftgelehrten und Ältesten spotten.
Andern hat er geholfen und kann sich selber nicht helfen.
Er soll der König von Israel sein?
Wenn er vom Kreuz herabsteigt, wollen wir an ihn glauben.
Die Anstifter verspotten ihn.
Die wahren Schuldigen.
Er soll Gott sein?

Er soll Gott sein. Ein Gott sollte Stärke zeigen.
Was hilft ein schwacher Gott?
Wie erkennt man die Stärke eines Gottes?
Die Menschen kennen Gottes Gedanken nicht.
Sie werden sie einst spüren.
Heftig.
Mit Schmerzen.
Dann ist es vielleicht zu spät.
Desgleichen schmähten ihn die Räuber,
Die mit ihm gekreuzigt waren.
Der auf der rechten Seite verspottete ihn.
Der auf der linken Seite bat um Mäßigung.
Oder war der auf der linken Seite der von der rechten Seite?
Jesus versprach dem einen, dass er mit ihm ins Reich Gottes eingehen könne.
In welche Ewigkeit flüchtet sich der andere?
Ob er daran einen Gedanken verschwendet?
Aber wen soll das gerade jetzt interessieren?
Niemand ist je aus dem Gottesreich zurückgekehrt, niemand hat den Hades überlebt.
So wissen die Menschen davon nichts.
Die Erzählungen können nicht unabhängig überprüft werden.

Vertrauen.
Wir müssen den Schilderungen vertrauen.
Den Aussagen von Jesus.
Aber wie kann man einem machtlosen Gott vertrauen?
Von der sechsten Stunde an überzog eine Finsternis das ganze Land bis zur neunten Stunde.
Die Sonne verschwindet.
Dunkle Wolken schieben sich ans Firmament.
Es könnte Regen geben.
Aber es regnet nicht.
Keinen Tropfen.
Nur Dunkelheit legt sich über das Land.
Die Naturgewalten gebärden sich wild.
Wind heult über dem Kreuzigungsberg.
Gut, dass die Soldaten die Kreuze befestigt haben.
Um die neunte Stunde schrie Jesus laut:
»Mein Gott, mein Gott, warum hast du mich verlassen?«
Einige dachten, er ruft nach Elija.

Einer lief, nahm einen Schwamm und füllte
ihn mit Essig.
Er steckte ihn auf ein Rohr und gab ihm
zu trinken.
Jesus schrie abermals laut und verschied.
Vorbei.
Da zerriss der Vorhang im Tempel in zwei Stücke.
Von oben bis unten.
Die Menschen fürchten sich.
Die Naturgewalten greifen nach ihnen.
Sie beruhigen sich nicht.
Die Erde erbebt und die Felsen reißen auf.
Die Gräber öffnen sich.
Da war ein Hauptmann,
Der mit seinen Soldaten Jesus bewachte.
Er fiel auf die Knie, als er das Erdbeben spürte.
Er erschrak sehr.
Sprach: »Wahrlich, dieser ist Gottes Sohn
gewesen!«
Eine späte Erkenntnis.
Zu spät.
Ob der Hauptmann von nun an an Gott glaubte?
Seine Taten bereute, den Dienst quittierte?
Wir wissen es nicht.

Es kam ein reicher Mann aus Arimathäa.
Er hieß Josef und gehörte zu den Jüngern
von Jesus.
Sonst wissen wir nichts über ihn.
Ein Mitläufer?
Zu den Jüngern gehörten Arme und Reiche,
Gebildete und Schwache, Starke und
Einfältige.
Das soll betont werden.
Er ging zu Pilatus und bat ihn um den Leichnam
von Jesus.
Was willst du mit dem Leichnam?
Überraschung. Jemand kümmert sich.
An der Leiche hat der Staat kein Interesse.
Pilatus befahl, ihm den Leichnam zu übergeben.
Erledigt.
Abgeschlossen.
Pilatus kann sich wieder seinen Regierungs-
geschäften widmen.
Immer diese unvorhergesehenen Vorkommnisse.
Störend.
Ablenkend.

Josef nahm den Leichnam und wickelte ihn
in ein frisches Leinentuch.
Dann legte er Jesus in seine eigene Grabkammer.
Da er noch lebte, war sie unbenutzt. Logisch.
In einen Felsen gehauen.
Schließlich rollte er einen großen Stein vor
den Eingang zur Grabkammer.
Dann ging er weg.
So war alles in Ordnung.
Abgeschlossen.
Maria aus Magdala und die andere Maria
blieben dort.
Sie saßen auf einem Stein.
Starrten vor sich hin.
Sie hatten Jesus geliebt, verehrt, bewundert,
geschätzt.
Sein Tod hatte sie geschockt.
Sie empfanden sich als im Stich gelassen.
Ihnen wurde das Liebste entrissen.
Sie wehklagten, konnten aber nicht weinen.
Blick in den Himmel.
Wolkenlos.
Warum scheint noch immer die Sonne?

Die Pharisäer schickten Wachen zum Grab.
Schließlich hatte Jesus gesagt,
er werde nach drei Tagen auferstehen.
Zumindest so lange müssen die Wachen verharren.
Sie lehnen sich gegen den Stein.
Gelangweilt.
Soldaten müssen geübt sein im Warten.
Im Wartemodus schalten sie ab.
Denken an etwas Schönes.
Vielleicht denken sie auch nicht.
Nichts.
Dies ist ein langweiliger Tag.

Die beiden Frauen beschließen, heimzugehen.
Die Wachen bleiben, wie es ihre Aufgabe ist.
Sie spielen mit dem Handy. Aber es gibt keine neuen Nachrichten.

»Wenn das vorbei ist, beantrage ich Urlaub.«
Sagt der eine.
»Wohin willst du fahren?« Fragt der andere.
»Nach Malle.«
Der andere grinst nur.
»Trinken, saufen, an der Bar sitzen,
Mädchen anglotzen.«
»Schwachsinn.« Sagt der andere.

Karsamstag

Nichts passiert.
Zum Feiertag vielleicht Kaffee und Kuchen
auf der Terrasse. Frühling, immerhin.

Ostersonntag

Es ist noch finster.
Die Sonne ist nicht aufgegangen.
Maria Magdalena konnte in dieser Nacht
nicht schlafen.
Herumwälzen.
Schweiß auf der Stirn.
Selbst in der Nacht ist es heiß.
So stand sie auf.
Zähneputzen.
Das Gesicht waschen.
In die Kleider schlüpfen.
Sie verlässt das Haus.
Niemand hört sie.
Ganz leise.
Auf Socken.
Leicht schimmert die aufgehende Sonne hervor.
Maria Magdalena steht vor dem Grab.
Erschrickt.
Einer von den Wachen schläft.
Der andere ist weg.
Vielleicht in Malle.
Geflohen.

Sie steht vor dem Grab und erkennt,
dass der Stein zur Seite geschoben wurde.
Der Stein ist schwer.
Ein Mann allein kann ihn nicht bewegen.
Wer hat sich am Grab vergriffen?
Es leuchtet.
Noch ist es dunkel.
Dennoch leuchtet es leicht.
Wo?
Im Grab leuchtet es.
Maria Magdalena bleibt vorsichtig.
Draußen vor dem Grab.
Stehen.
Mit Herzklopfen.
Weinend.
Dann beugt sie sich doch nach vorn.
Sie erkennt etwas. Schemenhaft.
Zwei Gestalten in weißen Gewändern.
Sie sitzen, einer am Haupt, einer zu den Füßen,
Dort, wo der Leichnam Jesu gelegen hatte.
Maria erkennt, dass es Engel sein müssen.
Das denkt sie.

Es sind die ersten Engel, denen sie begegnet.
Gibt es Engel?
Sie hatte sich darüber noch keine Gedanken gemacht.
Jetzt muss sie die Frage beantworten.
Ja.
Selbstverständlich.
Es gibt Engel.
Da sitzen zwei.
Sie sprechen sogar mit ihr.
»Frau, warum weinst du?«
Das sollten Engel eigentlich wissen.
»Sie haben meinen Herrn weggenommen.«
Der Engel gibt keine Antwort.
»Ich weiß nicht, wo sie ihn hingelegt haben.«
Der Engel gibt keine Antwort.
Maria bemerkt eine Bewegung hinter sich.
So dreht sie sich um.
Da steht noch ein Engel.
Er stellt die gleiche Frage.
»Frau, warum weinst du? Wen suchst du?«
Nein, das ist kein Engel.

Nicht so leuchtend.
Eher normal.
Der Gärtner vielleicht.
Weiß er mehr?
»Herr, hast du ihn weggetragen?«
Ein Verdacht.
Er nickt.
»Sag mir bitte, wohin. Ich will ihn holen.«
Er spricht.
Nur ein Wort.
»Maria.«
Erschrecken.
Erkenntnis.
Wiedererkennen.
»Du bist es!«
Sie will auf ihn losstürzen.
Das ist verständlich.
Er hält sie zurück.
»Rühr mich nicht an.«
Sie ist enttäuscht.
Aber versteht.
Versteht nicht.
»Ich bin noch nicht beim Vater.«

Er sagt das ganz sachlich.
Wie: Ich habe noch nicht gefrühstückt.
Wie: Ich habe gerade den Rasen gemäht.
Wie: Es wird heute wieder nicht regnen.
Normale Lebenswelt.
Sie weiß nicht, was sie sagen soll.
Sie weiß nur, dass sie Größeres erlebt hat,
als sie je verstehen kann.
Nicht fragen, wie alles geschehen ist.
Der Stein. Das Aufstehen, das Warten auf
die Auferstehung.
Wunder.
Natürlich. Wenn dies kein Wunder ist!
Schließlich sagt er.
Befiehlt er.
Bittet er:
»Maria, geh zu den Brüdern und Schwestern.
Erzähl, was du erlebt hast.
Ich werde bald zu meinem Vater gehen,
zu meinem Gott und eurem Gott.«
Maria nickt und steht stumm da.
Es dauert, bis sie die Worte versteht.
Sie klingen gut.

Sie kann sich die Auferstehung nicht vorstellen.
Aber sie hat den ersten Satz verstanden.
»Geh.«
Und schon läuft sie los. Den kleinen Weg entlang, der in die Stadt führt.
Durch die Gassen, in die jetzt schon Sonnenlicht fällt.
Sie läuft, so schnell sie kann.
Die Beine bewegen sich rhythmisch.
Sie kommt außer Atem.
Sie muss kurz anhalten, um durchzuatmen.
Dann geht es weiter.
Er lebt.
Irgendwie.
Was soll sie sagen?

Sie trifft die Jünger im Gemeindehaus an.
Sie schreit.
»Ich habe den Herrn gesehen.«
Die Jünger wollen es nicht glauben.
Können es nicht glauben.
Fragen stürzen auf Maria ein.

Fragt, so viel ihr wollt.
Ich kann euch nicht antworten.
Aber ich habe ihn gesehen. Der Stein vor
dem Grab liegt auf der Seite.
Starke Mächte haben ihn verrückt.
Und Engel habe ich gesehen.
Vor allen Dingen aber den Herrn.
Nun sputen sich Petrus und ein anderer Jünger.
Sie hetzen zum Grab.
Sie laufen miteinander.
Der andere Jünger läuft voraus,
schneller als Petrus.
Daher kommt er als Erster zum Grab,
Schaut hinein,
Sieht die Leinentücher liegen.
Er geht nicht hinein in das Grab.
Aber Simon Petrus.
Er betritt das Grab.
Er erkennt die Leinentücher ebenfalls.
Und das Schweißtuch.
Das Schweißtuch bedeckte Jesu Haupt.
Es liegt nicht bei den Leinentüchern,
sondern daneben,
Sauber zusammengelegt.

Sie verstehen die Zeichen nicht.
Sie wissen nur, der Leichnam ist weg.
Eine Tatsache.
Maria hat ihn gesehen.
Stimmt das?
Wo ist er jetzt?
Sehen sich an.
Fragen sich.
Haben keine Antworten.
So gehen sie zurück zu den anderen.
Berichten.
Hoffnung.
Hoffnung ist Warten.

Ostermontag

An diesem Tag marschieren zwei Jünger
auf der Straße.
Jünger mit Jüngerin.
Unterwegs zu dem Dorf Emmaus.
Zehn Kilometer von Jerusalem entfernt.
Sie tragen bequeme Wanderschuhe.
Keine Schleichwerbung, aber mit Streifen.
Jung, stark und traurig.
Sie unterhalten sich.
Über alles, was sie in den letzten Tagen erlebten.
Was sie nicht verstehen.
Sie diskutieren über das Ende.
Die Kreuzigung ist das Ende ihrer Gemeinschaft.
Ohne die Kraft und Zuversicht des Meisters
sind sie verloren.
Nur er hatte diese Spiritualität.
Nur er konnte die Welt erklären.
Es wäre so schön gewesen.
Warum?
Sie stellen sich die Frage, die sich die Menschen
nicht beantworten können.

So wird es immer sein und bleiben.
Die Menschen werden keine Antwort finden.
Während sie über das Warum reden,
Gesellt sich ein Mann hinzu.
Leichten Schrittes.
»Darf ich mit euch gehen?«
Natürlich.
Sie schreiten kräftig aus.
Der Mann ist barfuß. Trotzdem kräftige Schritte.
»Über was unterhaltet ihr euch?«
Die Frage führt zum Dammbruch.
Sie schütten die Worte und Sätze heraus.
Was sie bewegt.
Was sie erlebten.
Wie das Schicksal zuschlug.
Ihr Begleiter hört sie an. Ruhig.
Sie wundern sich. Die Jüngerin fragt: »Kommst du von hinterm Mond?
Weil du nicht weißt, was sich in Jerusalem ereignet hat.«
»War es wichtig?«
Lebenswichtig.

Jesus aus Nazaret wurde gekreuzigt.
Er war ein großer Prophet.
Er offenbarte dem Volk die Wunder.
Er lehrte es Gottes Worte.
Aber die Mächtigen unseres Landes
verärgerte er.
Der Hohe Rat bestrafte ihn.
Die Römer verurteilten ihn zum Tode.
Daher wurde er gekreuzigt.
Es fühlt sich an
Wie der Weltuntergang.
Wir dachten, er sei unser Retter.
Aber nun ist alles verloren.
Wenn der Starke, der Stärkste die Gruppe
verlässt,
Wird sich auch die Gruppe auflösen.
Seine Stärke kann niemand ersetzen.
Sie berichten weiter.
Es geschah noch mehr.
Einige Frauen haben uns in Aufregung versetzt.
Sie behaupteten, dass sie Jesus gesehen haben.
Nach der Kreuzigung.
Unmöglich.
Gekreuzigt, begraben. Aus.

Das Grab war zwar leer.
Aber kein Mensch kann eine Kreuzigung
überleben.
So reden sie.
Ereifern sich.
Schreiten kräftig aus.
Werden immer schneller.
Vor Erregung. Schweiß liegt auf ihrer Stimme.
Da sagt er,
Jesus,
»Ihr seid begriffsstutzig.
Habt ihr die Propheten nicht gelesen?
Musste das nicht so geschehen?
Erst dann kann die Herrlichkeit anbrechen.«
Abrupt bleiben die beiden Männer stehen.
Sehen ihren Begleiter an.
Denken nach.
Er hat recht.
Die Schriften vergessen.
Nicht gekümmert.
Der Jünger spricht anerkennend:
»Du kennst dich gut aus. Kannst du uns
mehr erklären?«

Ihr Begleiter,
Jesus,
Erklärt ihnen, was in der Heiligen Schrift
über ihn geschrieben steht.
Es wird eine Bibelstunde.
Eine biblische Stunde.
Angefangen bei Mose bis hin zu allen Propheten.
Die beiden lassen ihren Begleiter reden.
Keine Unterbrechung.
Blick nach vorn auf den Weg.
Plötzlich verstehen sie.
Was sie noch nie verinnerlicht hatten.
Klarheit.
Wie eine Gleichung
Und ihre Lösung.
So erreichen sie das Dorf, zu dem sie
unterwegs sind.
Ihr Begleiter,
Jesus,
Tut so, als wolle er weiterziehen.
Die Jüngerin und der Jünger bedrängen ihn.
»Bleib doch bei uns! Es ist fast Abend,
und der Tag geht zu Ende!«

Ein guter Grund.
So überreden sie ihn.

Sie gehen alle zusammen ins Haus und
bleiben dort.
Später lassen sie sich zum Essen nieder.
Ihr Begleiter,
Jesus,
Nimmt das Brot,
Dankt Gott,
Bricht das Brot in Stücke
Und gibt es ihnen.
Da fällt es ihnen wie Schuppen von den Augen,
Sie erkennen ihn.
Er ist es.
Wirklich.
Im selben Augenblick verschwindet er
vor ihren Augen.
Wo ist der Meister?
Hast du ihn gesehen?
Nein, ich auch nicht.
Sie verstehen und sie verstehen nicht.
Sie können keinen klaren Gedanken fassen.

Hätten sie ihn nicht schon auf der Wanderung
erkennen müssen?
Er konnte ihnen so viel erklären.
Er füllte sie mit Erkenntnis.
Aber zumindest jetzt.
Bei diesem Abendmahl.
Beim Brotbrechen
Erkannten sie ihn.
Nun fahren sie hoch.
Lassen alles stehen und liegen.
Und brechen auf.
Wandern zurück nach Jerusalem.
Sie laufen noch schneller.
Sie hätten sich ein Auto gewünscht,
damit sie schnell vorwärtskommen.
Oder ein Motorrad.
Aber nun hasten sie.
Schweißgebadet.

Sie kommen im Gemeindehaus an.
Klopfen.
Warum öffnen sie nicht?
Es dauert endlos.
Klopfen.

Vorsichtig wird die Tür geöffnet.
Angst vor der Polizei.
Das Jüngerpaar wird erkannt.
Kommt herein.
Die elf Jünger sind beieinander,
Zusammen mit allen anderen,
die zu ihnen gehören.
Alle schrecken zusammen,
als sie in den Raum poltern.
Die beiden schreien:
»Der Herr ist wirklich auferstanden!«
Die anderen reißt es von den Hockern.
»Er ist auch Simon erschienen.«
Die beiden erzählen,
Was sie unterwegs erlebt haben,
Wie sie den Herrn erkannt haben:
Als er das Brot in Stücke brach.
»Der Herr ist wirklich auferstanden!«
Ein Freudenchor.
Wir freuen uns noch immer.
Alle Menschen.
Jeden Tag.
Heute freuen wir uns ganz besonders.

Psalm für danach

Herr, du hast die Welt wunderschön gemacht.

Ich liege auf dem Rücken und sehe in das Blau des Himmels. Meine Augen folgen den weißen Wolken, die über den Himmel galoppieren. Einige Vögel entzücken mich. Gott, vielen Dank, dass du den Himmel und die Wolken geschaffen hast und dass sie uns das Wetter bringen, das wir brauchen.

Herr, du hast die Welt wunderschön gemacht.

Ich laufe durch die Wiesen und am Waldrand entlang. Das satte Grün ist gut für meine Augen. Ich staune, wie viele verschiedene Tönungen von Grün die Natur hervorbringen kann. Ich kann sie nicht zählen. Dunkel und hell. Schraffiert und getupft. Gott, vielen Dank, dass du die Natur in so vielen Nuancen gestaltet hast.

Herr, du hast die Welt wunderschön gemacht.

Ich beobachte meine Frau und meine Kinder. Ich schaue zu meinem Kollegen und zu meiner Nachbarin. Sie trägt ihren Hund auf dem Arm. Gott hat sie alle schön geschaffen, hübsch, strahlend, erfrischend, gut in Form, von Kopf bis Fuß, und der Hund hat ein graues Fell. Gott, vielen Dank, dass wir mit Freuden die Menschen ansehen und uns an ihrer Natürlichkeit freuen können.

Herr, du hast die Welt wunderschön gemacht.

Ein Brot liegt vor mir auf dem Tisch, dazu Brötchen. Sie sind schön geformt, fühlen sich gut an in der Hand. Ich breche kleine Brocken ab und stecke sie in den Mund. Das Brot schmeckt markant, ein klein bisschen salzig, ansonsten kräftig, nach Körnern. Gott, vielen Dank, dass du uns jeden Tag ausreichend gutes Essen bescherst.

Herr, du hast die Welt wunderschön gemacht.

Mein Auto parkt in der Straße. Es ist nicht groß, es ist nicht klein. Es fährt zuverlässig. Es ist kein Sportwagen und kein Kastenwagen. Es hat vier Räder und eine rote Farbe. Ich finde, es hat eine natürliche Schönheit. Und es ist praktisch. Es bringt mich von Ort zu Ort. Gott, vielen Dank, dass du den Menschen die Fähigkeit geschenkt hast, Autos herzustellen.

Herr, du hast die Welt wunderschön gemacht.

Ich habe ein kleines Vogelhäuschen in der Hand, das ich selbst gebastelt habe. Nicht alle Seiten sind akkurat aufeinandergesetzt. Es gefällt mir dennoch. Ich hoffe, dass es auch den Vögeln gefällt, die es bald bewohnen werden. Gott, vielen Dank, dass ich dieses Häuschen mit meinen eigenen Händen erschaffen konnte, dass ich auch ein bisschen Schöpfer sein durfte wie du.

Herr, du hast die Welt wunderschön gemacht.

Nun gibt uns auch den Geist und die Kraft und die Ausdauer und die Ideen, sie zu erhalten und zu pflegen, damit sie weiterhin wunderschön bleibt und wir sie noch lange genießen können. Dir danken wir für alles auf der Welt.

Denn alles hast du gut gemacht.